ANIMALS IN ITALIAN FOR KIDS

BY SHAIMAA BERCHIDA

HELLO,OUR LITTLE LEARNER

In this simple" LET'S LEARN ITALIAN" book, the kid will be introduced to 25 different animals in Italian, with pronunciation and small writing practice of each word. And the most important part is that we made sure to let (him or her) enjoy while learning. In order to do that we added some drawings to color with two quizzes at the end .

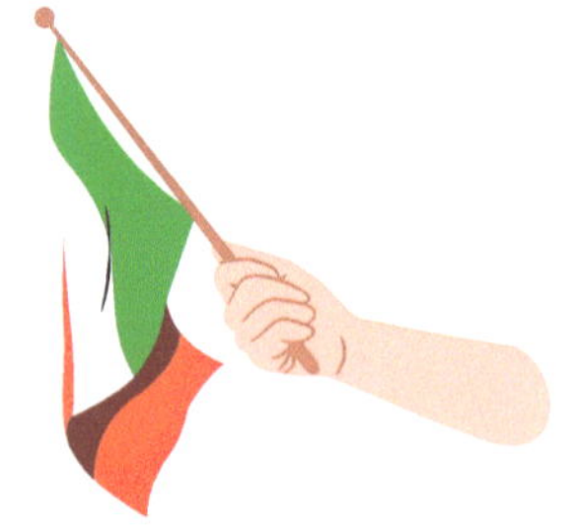

Duck

L'anatra

(l'anatra)

L'anatra

L'anatra

Il cane

(el cà-ne)

Il cane

Il cane

Butterfly

La farfalla

(far-fàl-la)

La farfalla

La farfalla

cow

La mucca

(La mùk_ka)

La mucca

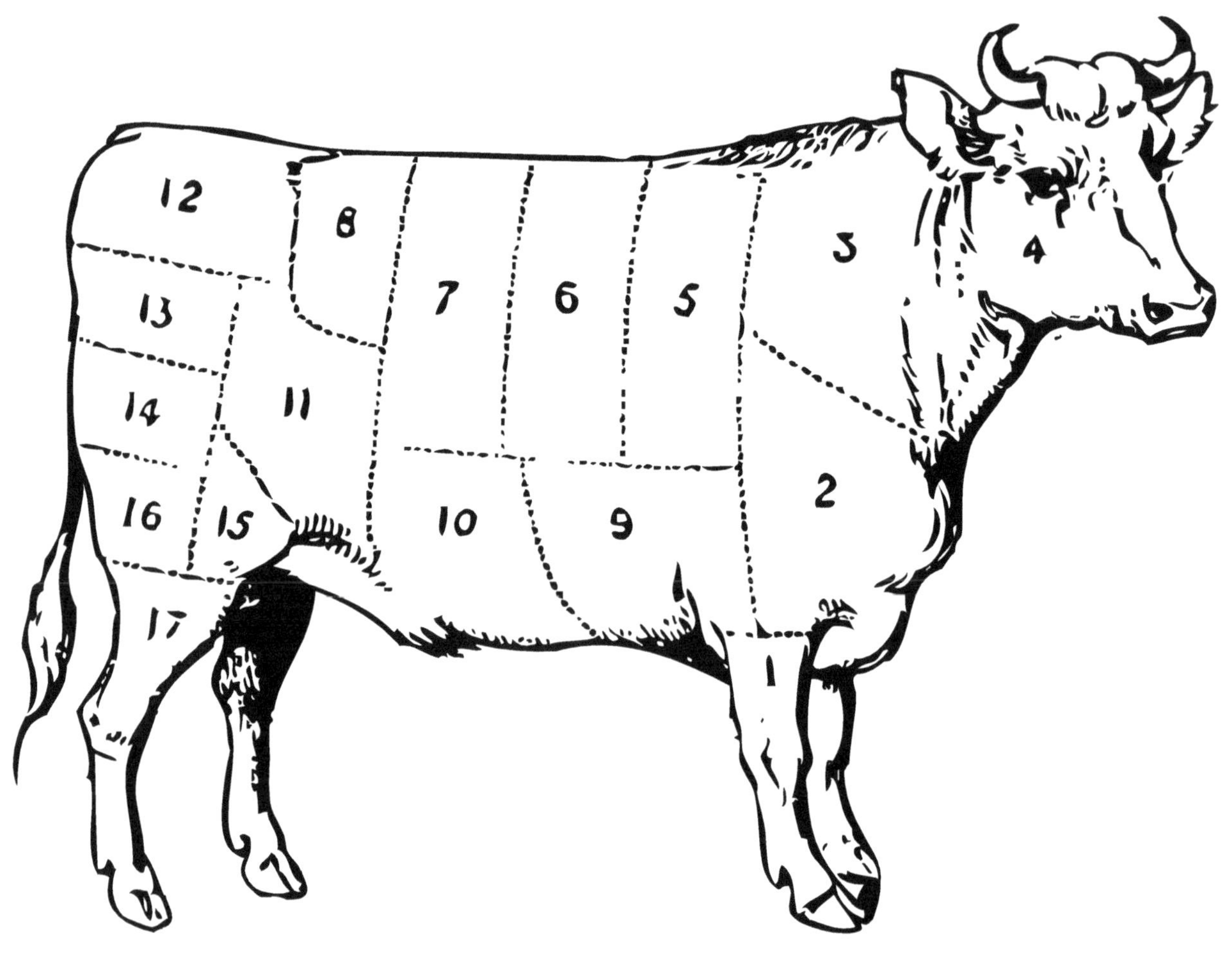

La mucca

Il leone

(Il le_ȯ_ne)

Il leone

Il cavallo

(Il ca-vàl-lo)

Il cavallo

Il cavallo

Il coniglio

(Il ko-ne-lio)

Il coniglio

Il coniglio

cat

Il gatto

(Il gàt-to)

Il gatto

Il gatto

Il cervo

(il tcher-vo)

Il cervo

L'elefante

(Le-le-fàn-te)

L'elefante

L'elefante

Pig

Il maiale

(Il ma-yà-le)

Il maiale

Il maiale

La rana

(La rà-na)

La rana

La rana

La scimmia

(La she-mia)

La scimmia

La scimmia

Tiger

La tigre

(La tte-gre)

La tigre

La tigre

Squirrel

Lo scoiattolo

(Lo sko-iat-to-lo)

Lo scoiattolo

Lo scoiattolo

Snake

Il serpente

(Il ser-pén-tte)

Il serpente

Il serpente

Turtle

La tartaruga

(La ttar-tta-rù-ga)

La tartaruga

La tartaruga

Mouse

Il topo

(Il tto-po)

Il topo

Il topo

Bear

L'orso
(Lor-so)

L'orso

L'orso

La volpe

(La vol-pe)

La volpe

La volpe

La capra

(La kà-pra)

La capra

La capra

Il pesce

(Il pé-che)

Il pesce

Il pesce

La gallina

(La gal-lina)

La gallina

La gallina

L'uccello

(lu- tchel-lo)

L'uccello

Sloth

Il bradipo

(Il brà-de-po)

Il bradipo

Il bradipo

 Il leone

 L'anatra

L'orso

 Il pesce

 Il bradipo

 La farfalla

 La rana

La volpe- la scimmia-la mucca-la gallina- lo scoiattolo-l'elefante-il maiale-il serpente-il cavallo-il coniglio-il gatto-il cane-il cervo-la tartaruga-la capra-la tigre-l'uccello-il topo.

Dog	Rabbit	Bird
Mouse	Tiger	Snake
Cow	Turtle	Monkey
Elephant	Deer	Horse
Hen	Cat	Squirrel
Goat	Pig	Fox